Monika Grundei

WORTE

Monika Grundei

„Worte“

Bibliografische Information der Deutschen Nationalbibliothek:

Die Deutsche Nationalbibliothek verzeichnet diese Publikation

in der Deutschen Nationalbibliografie; detaillierte bibliografische

Daten sind im Internet über http //dnb.dnb.de abrufbar.

2015 Monika Grundei

Herstellung und Verlag

BOD–Books on Demand, Norderstedt

ISBN:978-3-738624496

Monika Grundei

Malerin und Autorin

Geb. 1937 in Schweidnitz / Ndschl. Nach Krieg und Vertreibung und einem Neubeginn, erfolgte eine Lehre in einer Anwaltskanzlei. Die Liebe zur Malerei und zur schriftstellerischen Tätigkeit wurde forciert und weiterentwickelt und so wurden die, durch Kriegseinwirkung verlorenen Jahre, zum Gewinn. Es erfolgte die Zuwendung zu dem, was ihre eigentliche Berufung war und ist, der künstlerischen und schriftstellerischen Tätigkeit. In der Malerei erfolgten viele Ausstellungen, im schriftstellerischen Bereich Veröffentlichungen:

1982   „Das kleine Haus hinter dem Deich"

Bericht über die Vertreibung aus der Heimat und der liebevollen Aufnahme in einem kl. Dorf in Norddeutschland

2014   „Glauben gegen den Strom"

Das Buch beleuchtet viele Situationen unseres Lebens und stellt sie den Aussagen der Bibel und der Psalmen gegenüber.

www.monikagrundei.de

Glück

Frieden, Freude und Erholung,

kann man auf Balkon, Terrasse,

gibt es dieses auch daheim?

unbeschwert und glücklich sein?

Was verspricht der Seele Ruhe,

nur ein fernes Urlaubsziel,

oder kann die Seele baumeln,

auch daheim bei Spaß und Spiel?

Wenn die Nachbarn dich nicht nerven,

sondern freundlich, hilfsbereit,

macht sich da die Ferienstimmung

sicher auch zu Hause breit.

Du hast keinen Stress mit Schlafen,

denn das Bett, das kennst du ja

und willst du was gutes essen,

ist dein Lieblingskoch ganz nah.

Leider sehen viele Bürger,

Urlaub nur an fernem Strand

und hast du kein Urlaubsticket,

bist du leider nicht bekannt.

Und bekannt sein, das zählt heute

mehr als alles auf der Welt.

Wenn du bist in aller Munde,

bist du wer, denn du hast Geld.

Reichtum, lieber Freund, versprich mir,

dass das nicht dein Lebensziel,

doch wenn du den Nächsten achtest,

wär auch das ein Lebensspiel.

<u>Glück</u> Wann bin ich ein glücklicher Mensch?

- Das beginnt mit der Frage:" Was ist Glück für mich?"
  Ganz vordergründig würde ich sagen" Glück ist, wenn ich in meiner kleinen, überschaubaren Welt, zufrieden bin." Doch zum Zufriedensein gehören viele Dinge die zusammenspielen müssen.

- Da ist eine Übereinstimmung mit den Menschen, mit denen ich mein Leben teile von Nöten. Wie schwierig aber gerade das ist, wenn man so eng zusammen lebt, weiß wohl jeder und doch ist es ein großer Teil, der zum Glücklich sein dazugehört.

- Da ist es die finanzielle Freiheit, die die eigene Persönlichkeit nicht zu sehr einengt. Denn wo Zwänge aufgebaut werden, ist Glück wohl nicht zu finden.

- Auch eine Meinungsfreiheit ist wichtig, die mir gewährt wird, die ich aber dem Anderen gegenüber auch gewähren muss.
- Da ist es nützlich, wenn die Lebenseinstellung und Erwartung nicht so weit aus einander liegt.

- Da sind Meinungsverschiedenheiten zu akzeptieren.

- Da kann ein Streit eskalieren, aber am Ende muss die Versöhnung stehen.

Das alles gehört zu einem Glücksempfinden aber es gibt auch spontane Glücksmomente, wo so lange Überlegungen über das Glück die Situation nur zerstören würden.

Genießen wir diese Glücksmomente eines Sonnenunterganges.

Einer Vogelstimme, die die Stille durchbricht

und erahnen wir etwas von dem Leben in Fülle, das Jesus uns verspricht.

Warum verspricht Gott uns ein Leben in Fülle

Wenn wir an ein Leben in Fülle denken, was kommen da für Gedanken in unseren Kopf?

Das Leben in seiner ganzen Fülle auszuschöpfen, kann das überhaupt jemand? Hat nicht für jeden diese Aussage eine ganz persönliche Bedeutung?

Ein Leben in Fülle kann ein Leben sein, das in völliger Unabhängigkeit gelebt werden kann. Da denkt man an eine finanzielle Unabhängigkeit. Alles steht demjenigen offen.

Die teuersten Hotels, Autos, Reisen, Konsum in vollen Zügen. Aber befriedigt das wirklich den Menschen so, dass er dieses Leben als das Leben in Fülle sieht?

Gehört zu der Fülle des Lebens nicht auch der Teil des Menschen, der für das Gegenüber nicht sichtbar ist? Der nicht mit materiellen Werten abgedeckt werden kann? Oder ist dieser Teil schon so tief in den Menschen versunken, dass diese oberflächliche Fülle ihn schon total verschüttet hat?

Sind diese Menschen dann schon so, wie es bei Math. 23,27 heißt:" Weh euch, ihr Schriftgelehrten und Pharisäer, ihr Heuchler! Ihr seid wie die Gräber, die außen weiß angestrichen sind und schön aussehen, innen sind sie aber voll Verwesung." Dieses ist so, weil sie an den eigentlichen, so wertvollen Teil ihres Lebens, keine Luft heranlassen. Sie geben sich zufrieden mit dem, was sie sehen und ihr Inneres freizulegen macht ihnen zu viel Arbeit. Und sie fürchten sich davor, weil es ihr wahres Gesicht zeigt. Doch das könnte in der Welt, in der sie leben, auch nicht so beliebt sein. Denn auch diese Welt will diese Seite ihres Lebens nicht offen legen.

Doch was ist dann die – **Fülle des Lebens** – von der Gott spricht?

Diese Fülle kannst du nur erkennen, wenn du dein Inneres öffnest und alles, das Schöne aber auch das nicht so Schöne, ja sogar das Hässliche an dir, vor Gott ausbreitest. Er wird es anschauen und dir den Weg vor Augen stellen, der dich zu diesem, von ihm verheißenen Leben in Fülle führen kann. Wenn du diesen Weg einschlägst, dann wirst du die Verheißung Gottes erkennen, denn er wartet auf Dein Vertrauen in Sein Wort.

Seine Worte, wie wichtig sind sie dir?

Kannst du sie überhaupt noch hören oder hast du sie aus deinen Gedanken schon ganz gestrichen?

Glaubst du, sie nur in der Kirche hören zu können, in die du ja schon seit Langem keinen Fuß mehr hineingesetzt hast?

Ja, Kirchen besichtigen, das liegt noch drin. In fremden Orten die schönen Bauten bestaunen. Das tut doch jeder, dazu brauche ich doch nicht auf die Suche nach Gottes Wort zu gehen. Aber sprechen diese Bauwerke nicht mit jedem Stein von Gottes Wort? Warum sind sie erbaut worden? Von Menschen, die Gott mit jedem Stein verherrlichen wollten.

Heute sind sie für viele nur noch Sehenswürdigkeiten. Doch setze dich einmal in solch einen Kirchenraum und lass die Stille auf dich wirken. Wenn du deine inneren Stimmen zur Ruhe bringen kannst, wirst du erleben, dass diese Steine zu dir sprechen. Und es werden Gottes Worte sein, die dich erreichen möchten.

Vielleicht sind es nur kurze Augenblicke, wo diese Stille des Kirchenraums etwas in dir öffnet. Schlage die Tür nicht zu schnell wieder zu. Dahinter warten vielleicht Worte, die deiner Seele gut tun. Sie wollen dich nicht gefangen nehmen, sondern dir die Weite ihrer Möglichkeiten zeigen. Wenn du dann wieder in das Licht und die Wärme trittst, verspürst du diese Helligkeit vielleicht auch wieder tief in dir.

Dann hat Gottes Wort dich vielleicht doch berührt.

Will ich Berührung zulassen?

Wer will mich berühren? Ich habe mein Inneres verschlossen. In diesem Bereich hat niemand etwas zu suchen, schon gar nicht ein Gott den ich nicht kenne.

- Berührung, das ist etwa ganz intimes. Wer wagt es, ohne meine Zustimmung, mir so nahe zu kommen?
- Werden wir nicht immer gewarnt vor Eindringlingen, denen wir viele Riegel vorschieben?
- Habe ich vielleicht die falschen Türen verschlossen? Doch wer sagt mir, durch welche Türen ich wen in mein Inneres einlassen kann? Ist es da nicht besser, sich gleich ganz abzuschotten? Doch kann es mir dann vielleicht passieren, dass ich selbst den Schlüssel zur Tür meiner Seele nicht mehr finde?

Wenn das passiert, dann sind Nähe und Berührung nur noch oberflächliche Begriffe, die die eigentlichen Dinge des Lebens nicht mehr erreichen.

Dann sind wir gestorben, obwohl wir doch noch leben.

Vielleicht wachen wir dann auf, weil uns wichtige Dinge des Lebens abhandengekommen sind und wir fragen:" Wer hat sie uns gestohlen?"

Dann könnte die Berührung durch Gott diese Seelentüren öffnen und wir würden erkennen, dass wir uns selbst die wichtigsten Erfahrungen geraubt haben durch den Ausschluss der berührenden Nähe Gottes.

Die Nähe Gottes, wer kann mir davon etwas sagen?

Nähe Gottes, gibt es die überhaupt? Gott ist doch immer unsichtbar. Schon Kinder fragen oft:" Wo ist Gott denn, warum kann ich ihn nicht sehen?"

Dass da jemand ist, von dem so viele Menschen glauben, dass es ihn gibt, obwohl ihn doch noch niemand gesehen hat, ist schon eine Überlegung wert.

Natürlich ist es auch für Viele zu einfach, alles was wir nicht erklären können, in den Bereich der Utopie zu verschieben, denn es gibt mit 100%iger Sicherheit unzählige Dinge auf unserem Erdball, die existieren aber von uns noch nicht erkannt worden sind.

Auf der anderen Seite hat die Menschheit Jesus gesehen, der von sich behauptet Gottes Sohn zu sein. Vielleicht hat der Schöpfer selbst eingesehen, dass die Menschen jemanden brauchen, der von seiner Existenz Zeugnis ablegen kann. Doch hat es etwas gebracht? Glauben die Menschen stärker als vor Jesu Erscheinen auf unserem Planeten? Oder ist die Menschwerdung Gottes für sie ein noch größeres Hindernis an einen Gott zu glauben?

Doch Gott weiß, wie seine Geschöpfe gestrickt sind, schließlich ist es sein Werk und dadurch, dass er ihnen den freien Willen gegeben hat, benehmen sich die Menschen wie bei einem Glückspiel. Vielleicht ist das ja auch der Grund ihres Verhaltens.

Das Rad des Lebens dreht sich und manche sind dabei so waghalsig, überspannen den Bogen und versäumen zur rechten Zeit abzuspringen. Andere sind vielleicht zu uninteressiert, zu langsam, verpassen sogar den Sprung auf das Lebensrad und lassen alles so laufen.

Die das richtige Maß gefunden haben, sind jene, die versuchen den Sinn in diesem Karussell des

Lebens zu entdecken und der Schöpfer wird ihnen Hilfestellungen geben, die sie auch ergreifen.

Dadurch werden sie die Erfahrung machen, dass da jemand ist, der sie liebt und auffängt wie das Netz eines Hochseilakrobaten.

Brauche ich in meinem Leben ein Netz?

- Ich bin doch erwachsen, selbständig und allein für mich verantwortlich.
- Warum sollte Gott ein Netz unter meinem Lebensweg spannen?
- Ist das nicht eine Bevormundung, aus der ich mich bei meinem Erwachsenwerden mühsam befreit habe?
- Es heißt, Gott ist unser Vater. Vom Vater haben viele zu viele Regeln, Vorgaben und Verweise erhalten, dass sie da nicht noch einen Übervater brauchen.

Doch die Freiheit hat seine Tücken und im Übermut der alleinigen Entscheidungen können sich Fallstricke verstecken, die uns enger fesseln, als ein zur Vorsorge gespanntes Netz.

Und diese Fallstricke sind gezogen von Menschen, die nur ihren Vorteil im Auge haben und deren Fußangeln mich auf Wege zwingen, deren Ziel ein völlig anderes ist, als das von mir gesteckte.

Wenn diese Stricke gelöst werden kann es sein, dass ich ins Unendliche falle.

Doch wenn ich es zugelassen habe, dass dieses Netz Gottes als Grundlage für all meine Experimente des Lebens gespannt bleibt, dann wird der liebende Gott es auch nicht zusammen falten, sondern er wird in seiner großen Geduld warten, bis es mich, und sei es erst am Ende meiner Lebensbahn, darin auffängt.

Muss ich aufgefangen werden?

Sicher werden viele Menschen sagen, dass es schön ist, von jemandem aufgefangen zu werden. Dazu gehört ein gewaltiges Vertrauen. Kinder haben das zu ihren Eltern. Wenn der Vater zu seinem Sohn sagt:" Komm, spring, ich fange dich auf!" Dann wird das Kind ohne Bedenken diesen Sprung wagen.

Wir Erwachsenen sind da schon viel mehr skeptisch und fragen ganz sicher noch mehrmals nach, ob wir uns darauf auch wirklich verlassen können. Und überhaupt, lieber ist es uns schon, wenn wir selbst diejenigen sind, die andere auffangen.

Doch warum fallen wir überhaupt? Und was ist das für ein Fall?

Viele Bürger landen heute in der Schuldenfalle. Sie kaufen und bestellen Waren über das Internet, per EC Karte und verlieren somit leicht den Überblick über das, was ihnen eigentlich im Monat zur Verfügung steht.

Außer dem finanziellen Fall ist der Fall in die Drogenabhängigkeit eine noch dramatischere. Und wenn jemand in eine tiefe Depression fällt, ist ein Auffangen vielleicht am Schwierigsten.

Wenn ich dann im Psalm 139 lese:" Stiege ich zum Himmel empor, so bist du zugegen. Nähme ich des Morgenrots Schwingen und ließe mich nieder am fernsten Gestade; auch dort wird deine Hand mich ergreifen und mich fassen!"

Darum sollte niemand die Worte der Heiligen Schrift völlig verwerfen, denn sie sind ja zu allen Menschen gesprochen. Und wer am Rand der Existenz steht, wird jeden Strohhalm ergreifen, wenn dieser Rettung verspricht und Gottes Worte bringen immer Rettung

Habe ich in meinem Leben schon Rettung in letzter Minute erfahren?

Da gibt es in meinem Leben so einige Situationen in denen es gefährlich war.

- Bei einer beinahe Vergewaltigung meiner Mutter durch russische Soldaten und die Angst danach im Versteck entdeckt zu werden.
- Bei einem alleinigen Schwimmabenteuer, wo ich in letzter Minute das rettende Ufer erreichte.
- Aber auch mein seelischer Absturz beim plötzlichen Tod meines Vaters, als ich 15 Jahre alt war.

In allen Situationen waren Gebete und Worte aus der Bibel der Anker, der mich wieder ans rettende Ufer zog.

Egal welches Volk und welche religiöse Überzeugung gelebt wird, wenn alle menschliche Hilfe am Ende ist, erhofft man sich Rettung und Hilfe von Seiten des Überirdischen. Wie oft erleben wir dies in unserer Zeit trotz des so aufgeklärten Zeitalters.

Wie arm und trostlos sind in solchen Situationen Menschen, die an keine Kraft glauben können, die noch eine Hoffnung aufzeigt.

„Tot ist tot!" sagen sie, aber ist das wirklich so? Haben wir nicht oft das Gefühl, dass Verstorbene noch an unserer Seite sind? Und wer kann sagen, dass zwischen Leben und Tod nichts mehr ist? Gibt es in unserer Atmosphäre überhaupt ein Nichts? Wo es doch erwiesen ist, dass die meiste Materie sich immer wieder verwandelt.

Warum also nicht auch der menschliche Körper?

Verwandlung feiert die kath. Kirche in jeder Hl. Messe, wenn die Hostie in den Leib und das Blut Jesu verwandelt wir.

Glaube ich an Verwandlung?

Das riesige Verwandlungen stattgefunden haben, seit unser Planet existiert, das ist unbestritten.

- Da driften riesige Erdplatten auseinander, die anfangs eine Einheit bildeten.
- Da gab es Eiszeiten, in deren Verlauf dicke Eisschichten Teile der Erde bedeckten und es zu großen Verwerfungen kam, die hohe Gebirge entstehen ließen.
- Da veränderte sich das Klima und Tierarten verschwanden, weil sie ihre Existenzgrundlagen verloren.
- Da gab es riesige Flutwellen und an den Polen Eisschmelzen, die den Meeresspiegel anhoben und ganze Inseln überschwemmten oder es entstanden Inseln durch Vulkanaktivitäten auf dem Meeresgrund.

Wer will da Verwandlungen leugnen?

Wenn eine kleine, unscheinbare Raupe sich in einen bunten Schmetterling verwandeln kann, warum dann nicht auch ein Mensch in ein Wesen, dass in einer, für uns nicht sichtbaren Welt, weiter existieren kann?

Was heute utopisch ist, kann morgen vielleicht schon Wirklichkeit sein.

In der Bibel wird es angedeutet, denn da steht:

„Was kein Auge gesehen und kein Ohr gehört hat, hat Gott denen bereitet, die ihn lieben“.

Das ist die nächste Verwandlung, auf die wir warten.

Was sehe ich und wie wirkt sich das auf mein Leben aus?

Setze ich meine Möglichkeit des Sehens so ein, dass es mir das verdeutlicht, was mir die Sehkraft vermitteln möchte? Oder ist mein Sehen nur oberflächlich und ich übersehe so viele Dinge, die das Leben eigentlich erst lebenswert machen?

Vielleicht setzen wir uns einmal eine Brille auf, die die Schärfe einschränkt und uns das Geschenk der Augenfunktion verdeutlicht.

Wer möchte vielleicht einmal eine Urlaubswoche buchen, in der das Sehen an erster Stelle steht.

Wir werden in unserer virtuellen Welt mit so vielen Farb- und Lichteffekten überflutet, dass unsere Augen das natürliche Licht oft schon nicht mehr als etwas Schönes wahrnehmen. Der weite Blick z.B. in den nordischen Regionen und der endlose Himmel über dem Land. Dies ist oft so phantastisch, dass man den Blick gar nicht davon wenden möchte.

Ein Sonnenuntergang am Meer ist immer wieder so ein Erlebnis, das noch lange in uns nachwirkt, wenn wir wieder in unserem engen Büro am Laptop sitzen.

So kann ein Urlaub mit der vollen Konzentration auf die Funktion unserer Augen ein großes Erlebnis sein.

Doch nicht nur die Natur fasziniert unser Wahrnehmungsvermögen, nein auch Tiere, bis zu den kleinsten Käfern können uns dazu bewegen, den Fotoapparat zu zücken, um den Augenblick des Sehens festzuhalten.

Das Auge ist nur eine Funktion an unserem Körper und doch kann sie etwas von dem Wunder unseres Lebens erzählen.

Sehen wir das Leben noch als Wunder?

Ich glaube dass jeder, der einmal die Geburt eines Kindes miterlebt hat, an das Wunder des Lebens glaubt. Bei allen Möglichkeiten, die unsere Welt uns bietet, ist dieses Urerlebnis noch immer das Größte, was ein Mensch erleben kann und keine noch so große Erfindung kann solch innere Bewegtheit hervorrufen.

Trotz dieser Erkenntnis wissen wir, dass unzähligen Kindern der Weg in dieses, so interessante Leben, verwehrt wird.

Es geht auch nicht nur um das menschliche Leben, nein, dieses Wunder pflanzt sich fort bei allen Lebewesen. Fragen sie einmal einen Schäfer, einen Landwirt, einen Tierarzt, ob Ihnen nicht jedes Mal bei der Geburt eines Tieres, das Wunder des Lebens vor Augen steht.

Eltern empfinden beim Heranwachsen ihres Kindes unbeschreibliche Momente des Glücks und der Dankbarkeit, die mit nichts auf dieser Erde vergleichbar sind. Auch wenn wir noch so aufgeschlossen für alles Neue sind, werden diese Erfahrungen doch die Wichtigsten im Leben bleiben. Vielleicht ist es so, weil wir dieses Leben nicht am Computer bis ins Kleinste planen können. Es bleibt bis zu Letzt eine große Spannung, denn jedes neue Leben ist ein Wunder, das nur geschenkt werden kann.

Lassen wir uns doch beschenke

Will ich Geschenke annehmen?

Es fällt vielen Menschen schwer, ein Geschenk anzunehmen. Sie meinen, das sähe so aus, als seien sie bedürftig oder warum ist das Geschenk in unseren Tagen in eine Rolle geschoben worden, wo es nicht mehr nur Freude hervorruft. Vielleicht liegt es ja daran, dass wir schon alles haben und Geschenke oft Dinge sind, die wir absolut nicht brauchen

Der Schenkende zermartert sich oft den Kopf, was wohl angebracht ist und ob das ausgesuchte Geschenk auch in die Stilrichtung der Wohnung passt. Wenn wir eine Einladung annehmen und nicht wissen, wie der Gastgeber wohnt, ist es immer angebracht etwas Neutrales auszusuchen. Oft genügt schon eine Rose, um den Dank für die Einladung auszusprechen.

Eine Einladung kann manchmal richtigen Stress verursachen, denn nicht jede Einladung wird von guten Freunden ausgesprochen. Oft ist es eine rein geschäftliche, die noch mehr mit Vorsicht behandelt werden muss. Da kann ein falsches Geschenk unter Umständen negativ ausgelegt werden.

Ich freue mich über Einladungen, die von unseren besten Freunden kommen, da weiß ich, dass jedes Mitbringsel mit ehrlicher Dankbarkeit in Empfang genommen wird.

Eigentlich ist ein Geschenk ein Gruß des Herzens, das auch so angenommen werden sollte und wenn es wirklich einmal den Geschmack absolut nicht trifft, sollte dies nicht zum Ausdruck gebracht werde.

Wir sollten von den Kindern lernen. Obwohl auch sie schon genau wissen, was schön und in ist, so werden sie trotzdem das Geschenk immer mit Interesse beachten. Die Einladung verursacht bei ihnen stets freudige Erwartungen.

Sie machen sich noch keine Gedanken. Was ihnen gefällt, muss in ihren Augen natürlich auch ihren Freunden gefallen und damit liegen sie ja auch meistens richtig.

Unsere Gedankenspiele sind es, die diese schöne Gewohnheit der Einladung, oft so schwierig machen. So manches interessante Zusammentreffen wird abgesagt, nur weil man sich die Tausend Überlegungen über ein kleines Geschenk, ersparen möchte.

Vielleicht sollten wir unseren Gedanken einfach freien Lauf lassen und uns selbst überraschen lassen, was sie uns raten.

Denn, wie heißt es so schön in einem Lied:

Die Gedanken sind frei, wer kann sie erraten. Sie fliegen vorbei wie nächtliche Schatten.

Die Gedanken sind frei

Das ist eine wunderschöne Aussage, die eigentlich jeden begeistern sollte. Doch was sind Gedanken?

Wenn wir darüber nachdenken, steht vor unseren Augen eine ganze Liste von Begriffen, die wir da einordnen könnten.

Schon in diesem Wort – Nachdenken – steckt das Wort – Denken und Gedanke –

Dieses steht für etwas, was nicht sichtbar ist und was man nicht an einem Ort fest machen kann. Gedanken schwirren durch die Zeit, können frohe Gefühle auslösen, die in einer Harmonie mit dem Denkenden verschmelzen. Sie können Mut machen, wenn wir z.B. einen Gedankenanstoß erhalten haben. Sie können wie eine schöne Melodie himmelwärts tragen und Luftschlösser aufbauen. Luftschlösser sollte man meiden, doch manchmal können sie eine schwere Last von der Seele nehmen, wenn sie wie eine Therapie genutzt werden.

Es sind ja oft Gedanken, die zu Boden drücken, weil sie aus dem Kopf nicht vertrieben werden können. In diesem Sinne werden diese freien Gedanken zur Last, denn sie sind nicht fassbar.

So wertvoll sie auch sind, wenn Menschen gefangen gehalten, verfolgt und gequält werden, um aus dieser

Quelle Kraft zu schöpfen, so kann, wie wir wissen, diese Freiheit auch ins Gegenteil abdriften. Quälende Gedanken können einen Menschen an den Rand des Abgrunds frühen.

So sind diese freien Gedanken immer auch mit großer Vorsicht zu genießen.

Vorsicht

Vorsicht ist geboten, wenn Gedanken mich nicht mehr freigeben. Sie beherrschen mich Tag und Nacht. Zerstören jedes Gespräch, weil ich mich nicht mehr auf mein Gegenüber konzentrieren kann und auch Arbeitsabläufe davon betroffen sind.

Zumeist sind das auch Gedanken, die mein Gewissen belasten und ohne Hilfe drehen sie sich im Kreis und es ist nicht möglich sie wertfrei zu betrachten.

In solch einer Situation ist es von großem Nutzen, einen Freund an seiner Seite zu haben, dem man voll vertrauen kann. Doch wie viele Freunde von dieser Art gibt es, die mit mir wirklich alle Sorgen und Tiefen des Lebens teilen wollen? Wir erleben es in unserer

Gesellschaft so oft, wo angeblich die besten Freunde bei unangenehmen Situationen einen Rückzieher machen, weil sie Angst haben, ebenfalls negativ gesehen zu werden.

Das ist dann zu all dem Sorgenberg den der Hilfesuchende schon zu tragen hat, eine noch größere Last. Diese Enttäuschung zu schultern, kann dann vielleicht der letzte Tropfen sein, der das Fass zum Überlaufen bringt und eine unüberlegte Tat zur Folge haben kann.

Wie viel Verzweiflung, Enttäuschung, Gefühle der Verlassenheit und Sinnlosigkeit des Lebens vorausgegangen sind, bis jemand seinem Leben ein Ende setzt, kann wohl niemand erahnen.

Wo ein Mensch sich um Sterbehilfe bemüht, da hat die Liebe einen Absturz erlitten und Freunde haben die Situation oft nicht richtig eingeschätzt. Jeder Mensch will leben und er sendet Signale aus, die unsere Sensoren nicht überhören sollten. Stellen wir sie doch auf Empfang und warten darauf wie auf eine heißersehnte SMS. Unser Gehirn ist doch eigentlich fit genug, Funksignale aufzunehmen, doch wir müssen auch auf „on" stellen. Die Antwort darauf ist natürlich schwieriger, als eine kurze SMS einzutippen.

Vielleicht verleitet uns ja auch die Technik dazu, unsere Fühler für den Nächsten nur mit wenig Strom zu versorgen um diese Signale zu überhören.

Vielleicht denken ja auch so manche, Solange ich selbst diese Hilfesignale nicht senden muss, ist ja alles Bestens.

Doch wir sollten wachsam sein, denn dieses Phänomen kommt schleichend.

Seid wachsam

Was will dieses Wort uns zurufen? Wo sollen wir wachsam sein? Sind wir nicht immer voll da? Diesen Ruf brauchen wir doch nicht zu beachten. Doch – Vorsicht -! Diese Mahnung ist eine sehr wichtige für unser Leben.

Wir sind umgeben von vielen Gefahren und aus allen Bereichen ist ein Angriff möglich. Wenn unsere Sensoren nicht rund um die Uhr auf Empfang gestellt sind, kann es gefährlich werden. Angriffe kommen nicht nur von unseren Mitmenschen, die uns unseren Erfolg nicht gönnen; nein, sie können sich auch aus den Reihen der eigenen Familie anschleichen. Neid,

Vorteilsnahme, ja sogar Hass kann der Grund für Angriffe sein und das ist besonders tückisch, weil wir damit am wenigsten rechnen.

Wachsam müssen wir sein beim Umgang mit Geld, mit Medien und im Internet. Letztere sind Warnungen, die unsere Vorfahren nicht zu beachten brauchten.

Doch was immer zum Segen der Menschen angeboten wird, es kann auch zum Fluch werden wenn zu leichtsinnig damit umgegangen wird.

Sogar in unserer Freizeit gilt die Warnung zur Wachsamkeit.

Vor zu starker Sonnenstrahlung,

Vor leichtsinnigem Badevergnügen in unbekannten Gewässern.

Vor Übervorteilung in Ferienorten.

Vor falschen Freunden, die nur ihren Vorteil sehen.

Ja dieser Aufruf zur Wachsamkeit begegnet uns sogar in der Bibel wo es bei 1-Petrus 5.8 heißt:

„Seid wachsam, denn der Teufel geht umher wie ein brüllender Löwe und sucht, wen er verschlingen kann".

Und diese Aussage hat bis heut nichts von seiner Stärke und Dringlichkeit verloren.

Seid also auf der Hut und genießt euer Leben.

Das Leben genießen

Bin ich dann losgelöst von allen Zwängen und Verpflichtungen? Bei diesem Wort beginne ich zu träumen:
- Von lauen Abenden mit Freunden im eigenen Garten
- Von einem Spaziergang, barfuß am Strand
- Von einem Sonnenuntergang am Meer.
- Von einem weiten Blick über die Bergwelt nach einer Klettertour im Gebirge
- Von einer Schiffsreise an ferne Gestade.
- Von einem mediterranen Essen im südliche Ferienort.
- Diese Aufzählung könnte meterweit fortgesetzt werden und mein Herz würde dabei immer weiter und ruhiger.

Doch genießen können wir auch in unserem Alltag.
- Bei einer Tasse Cappuccino in einem kleinen Bistro.

- Beim Lesen eines Buches am Abend.
- Beim Jogginglauf vor der Arbeit.
- Beim Spaziergang mit dem Hund.

Viele solcher kleinen, kurzen Pausen könnten wir genießen, wenn wir uns ganz auf den Augenblick einlassen würden.

Beim Genießen muss eine wichtige Regel beachtet werden.

Du musst den Lautsprecher deiner im Kopf kreischenden Gedanken abstellen und auf Leerlauf stellen.

Wer mit dem Computer arbeitet weiß, dass der Drucker nicht arbeitet, wenn er anzeigt:

„Dokument in der Warteschleife". Wenn das entfernt ist, steht er wieder auf „bereit".

Das musst du auch im Kopf sein, dann kannst du getrost auf genießen stellen und es wird funktionieren.

Ich lade Dich dazu ein, es einmal zu versuchen.

Versuchen – Versuchung

Das sind zwei Begriffe mit völlig unterschiedlicher Aussage.

Etwas zu versuchen ist etwas Positives, denn dieser Begriff wird schon in den ersten Lebensjahren aufs Intensivste umgesetzt.

Wir können uns erinnern, oder auch nicht, an die eigenen Versuche beim Laufen lernen, Essen, Sprechen, Versuche Gegenstände zu fassen und später bei so unendlich vielen Dingen, die erlernt werden mussten.

Wollten wir dieses Wort „versuchen" voll auskosten, dann könnten wir Bücher füllen, weil eigentlich in allen
Lebensabschnitten es immer wieder auf einen Versuch ankommt und der Mensch ist wohl so programmiert, dass ein Erfolg ohne Versuche fast unmöglich ist.

Egal in welche Sparten des Lebens wir eintauschen, der Versuch hat bei den meisten Erfindungen am Anfang gestanden. Auch in der Forschung von Mikroorganismen, bis hin zum menschlichen Individuum, säumen Versuche in millionenfachen Fachbereichen die Erfolgsstraßen der Forscher in der ganzen Welt.
Schon oft hat die Menschheit von Entdeckungen profitiert, die als Nebeneffekt bei Forschungsversuchen zu Tage traten, die das zu erwartende Ergebnis bei Weitem übertraf.

Im Leben Dinge auszuprobieren und Versuche anzustellen, ist eine Hauptaufgabe der menschlichen Natur.

- Junge Leute versuchen alles auszuprobieren. Sie gehen dabei auch oft baden, wie man so schön sagt. Ich glaube es gibt wohl Niemanden, der diesem großen Reiz des Ausprobierens nicht erlegen gewesen wäre und ist.
- Und unsere Welt wäre nicht so Vielfältig und bunt, wenn all diese „Versuche", nicht stattgefunden hätten.

Doch weil dieser Reiz so groß ist, kommt der so ähnliche Begriff **„Versuchung"** auf das Tablett.
Doch da haben wir es mit einem nicht so harmlosen Vertreter zu tun, denn wer einer Versuchung erliegt, ist oft schon angeschlagen. Man sollte sich hüten, diese beiden Begriffe in einen Topf zu werfen.

Sehen sie, man kann einen Joint „versuchen", aber die „Versuchung" steht dann schon mit einem Fuß in der Tür. Und um diese wieder zu schließen, gehört schon eine große Kraftanstrengung dazu.

Die „Versuchung" ist immer darauf aus, unseren Verstand auszuschalten, doch dieser Schalter wird oft zu spät entdeckt.

Und so lacht die **„Versuchung"** hämisch, weil der Betroffene mal wieder das **„ung"** an dem Wort Versuch**ung"** übersehen hat.

Türen

Welche Tür war die erste, die sich in meinem Leben geöffnet hat? Diese Tür haben andere für mich geöffnet und doch ist und bleibt es die Wichtigste in meinem Leben.
Ich durfte durch diese Tür ins Leben treten und es waren unzählige Dinge, die da auf mich warteten.

Ich habe Liebe und Wärme erfahren, war angenommen und in der Taufe wurde mir der Geist Gottes geschenkt.
Diese Tür war, wenn ich es jetzt im Alter betrachte, die Wunderbarste, weil sich hinter dieser Tür die Einladung zu einem Leben mit Gott verbarg. Dort fand ich Zuspruch besonders auch in schweren Zeiten, denn ich spürte, dass ich nie allein war.
Gott hat mich sicher zu keiner Zeit verlassen, aber ich habe mich wahrscheinlich zeitweise von ihm entfernt.
Doch es gibt im Leben Situationen, wo man auch an dieser Tür vorbeigeht, weil man nicht mehr daran glaubt, Hilfe zu finden.

Darum ist es so wichtig, dass es Menschen gibt, die
beim Öffnen dieser Türen Hilfestellungen geben. Die
vielleicht im Gebet an diese Türen klopfen, damit sie
sich für den Hilfesuchenden öffnen. Und diese Hilfe
kann jeder leisten. Auch alten-, kranken- und
behinderten Menschen ist diese Hilfe im Gebet
möglich. Sie können damit selbst zum Lichtstrahl, zu
Liebe und Wärme werden. Von dem Geheimnis
dieser Tür, hinter der Gott auf uns wartet, haben mir
die Eltern erzählt, und sie ist zur wichtigsten Tür in
meinem Leben geworden.
Einen Gang durch diese Tür zu ermöglichen, ist auch
für den Beter ein großes Geschenk.

Es gibt Ordensgemeinschaften, wie die Klarissen,
die es sich zur Aufgabe gemacht haben, Sorgen und
Nöte ihrer Mitmenschen im Gebet vor Gott zu tragen.
Wie oft hört man, dass Menschen in großen Nöten
sagen:" Wir haben gespürt, dass wir von euch im
Gebet mitgetragen wurden."

Doch es gibt auch Türe, die zu öffnen im Leben
sehr wichtig werden.
Da gibt es Türen hinter denen Freundschaft, Liebe
und Verstehen warten.
Und alle Türen öffnen sich nicht von allein. Wir
Müssen anklopfen und auch unsere Türen
Der Bereitschaft, der Erwartung, der Hoffnung, des

Verstehens und Verzeihens für unsere Mitmenschen
öffnen.

Manchmal sind es große Portale vor denen wir
ängstlich stehen. Dann wieder ganz normale Türen,
doch auch hinter dem kleinsten und schmalsten
Eingang kann es zu einem liebenden Miteinander
kommen.

Warten wir, wer als Nächster unsere Hilfe braucht.
Oder an welche Tür wir anklopfen werden.

Bei wem klopfen wir an?

Sind wir Menschen, die den Mut haben an fremden
Türen anzuklopfen? Oder ziehen wir uns eher hinter
verschlossenen Türen zurück? Auf den ersten Blick
ist es einfacher, sich zurück zu ziehen, denn das
Öffnen erfordert von uns Offenheit und wollen wir uns
überhaupt öffnen?
Manchmal wird ja auch zu viel Offenheit ausgenutzt.

Je mehr wir von uns preisgeben, desto leichter sind
wir verletzbar. Und so ist es eine Gradwanderung
und ein weises Abwägen, wem wir unsere Türen
öffnen.

Es gibt ja auch bei jedem Menschen mehrere Türen. Welche, die einfach den Weg freimachen für eine kleine Hilfe und Zuwendung, oder die Tür, die in die absolute Mitte des Seins führt. Diese sollte nur geöffnet werden, wenn auch ein tiefes Vertrauen zueinander vorhanden ist. Schon oft ist diese Tür zu schnell geöffnet worden und hat tiefe Wunden der Enttäuschung und Verletzung hinterlassen. Dann schließt sich diese Tür häufig und sie wird sich auch auf noch so heftiges Klopfen nicht mehr auftun. Wir hören zwar dieses Klopfen, aber unsere Sensoren stehen auf „**Vorsicht**", vielleicht sogar auf „**Gefahr**". Wenn wir uns aber dort erst verkrochen haben, werden wir auch unser Gehör auf „**Aus**" stellen und mit der Zeit wird diese Haltung zur Normalität. Auch wir werden aus Unsicherheit nicht mehr wagen anzuklopfen und so ist das Schneckenhaus der Einsamkeit zum Standard geworden.
Doch das ist keine Lösung.

Stellen Sie Ihre Sensoren auf „Empfang", damit Sie auch das leise Klopfen an Ihrer Tür hören, das zaghaft um Einlass bittet.
Es könnten Ihre eigenen Gedanken sein,
die sie ins erlösende Licht führen möchten.

Licht des Lebens

Licht ist Leben, das wussten schon die ersten Menschen, die vom Licht Lebensenergie für die dunklen Monate des Jahres tanken mussten. Für sie kam alles Licht von der Sonne und wo Licht war, da war Leben. Sie sahen die Sonne als Gott und feierten Feste zu Ehren des lebenspendenden Lichtes.

Auch heute wissen wir, dass die Sonne zum Leben auf der Erde die wohl wichtigste Kraft ist, obwohl auch Wasser und Luft zum Leben benötigt werden. Wir können künstliches Licht erzeugen, doch die Atmosphäre ist von der Sonne abhängig. Und was es bedeutet für längere Zeit in völliger Dunkelheit leben zu müssen, können uns vielleicht Menschen erzählen, die in Bergwerkstollen Tage und Wochen verschüttet waren. Für sie waren Sonnenstrahlen sicher wie ein „**Kuss des „Lebens.**

Schon der Sonnenaufgang am Morgen, wenn sich der Himmel ganz langsam erhellt oder die erste Vogelstimme erklingt, lässt uns den Beginn eines neuen Lebens spüren.
Blumen öffnen ihre Kelche, recken sich dem Licht entgegen. Die wärmenden Strahlen des Frühlings

wecken nicht nur die Natur, sondern alles was Lebt
auf dieser Erde erwacht zu neuem Leben durch die
Wärme der Sonne.

So ist die Aussage in der Bibel:
„Ich bin das Licht der Welt"
eine Fundamentale, die alle aufrütteln müsste, denn
das heißt ja:
„Ohne mich könntet ihr nicht leben."

Das hat aber bis jetzt noch niemand von sich sagen
können. So eine Aussage kann nur jemand von sich
behaupten, der für die Menschen Nahrung für den
Körper und Geist für die Seele ist.
Angespornt von dieser Zusage sollten wir uns als
Christen, mit glühendem Eifer dafür einsetzen, dass
dieser Lichtstrahl alle erreicht. Und dieses Alle, kann
für Jeden gelten, denn wir kommen mit vielen
Menschen zusammen, denen wir von diesem
immerwährenden Licht erzählen könnten. Noch
überzeugender wäre es, wenn unsere Mitmenschen
es von unserem Leben ablesen könnten. Da steht die
Frage:
„Sind wir für unsere Mitmenschen lesbar?
Oder haben wir die Tür zu diesem Kapitel unseres
Lebens gesichert, so dass der Zugang für
Außenstehende verschlossen bleibt?"

Lesbar?

Wer die Schulbank nicht zum Schlafen benutzt hat, sondern als Angebot zum Lernen, wird lesen und schreiben können. Wir wissen, dass das Lesen sehr wichtig ist, um sich im Leben zurecht zu finden. Trotzdem gibt es in Deutschland noch recht viele Analphabeten, die etliche Schwierigkeiten bewältigen müssen. Dass sie dieses Handikap oft so lange verheimlichen können, erfordert schon ein großes Maß an Täuschungsmanövern. Oft sind es die Kinder, die für die Erwachsenen in die Bresche springen müssen beim Formulare ausfüllen und Lesen wichtiger Schreiben. Diese Menschen müssen in einer furchtbaren Unsicherheit leben, doch sie sind oft sehr zuverlässige Mitarbeiter.

Vielleicht können wir sie vergleichen mit Menschen, die der englischen Sprache nicht mächtig sind. Für sie wird die Lesbarkeit so mancher Zeitungsartikel ähnlichen Frust verursachen, weil sie die Schrift zwar sehen, aber den Inhalt des Geschriebenen nicht verstehen. In unserer digitalen Welt tritt dieses Phänomen am Deutlichsten zu Tage und dann darf man sich nicht wundern, dass Senioren oft vor Computern, Handys usw. kapitulieren.Sie haben vielleicht oft den Eindruck, dass sich ihre

Mitmenschen hinter diesem Trend verstecken und so selbst auch nicht mehr lesbar sind. Werbeangebote liegen nur noch auf dieser Linie, weil sie wissen, dass sie die jungen Käufer damit am Leichtesten ködern können. Doch was für die Jugend so gut lesbar ist und bunt angepriesen wird, giert doch nur nach vielen Kaufabschlüssen und Internetbestellungen. So sind die Werbemanager zwar coole Typen, aber lesbar für jeden sind sie auf keinen Fall und somit weit entfernt von der Aussage der Bibel:

„Euer Ja sei ein Ja und euer Nein, ein Nein."

„Ja" und „Nein"

Sind das Worte, die unser Leben bestimmen? Bevor wir ein klares „Ja" sagen, wird zunächst einmal ordentlich rumgeeiert. Die Überlegung, wie wir uns ohne eine direkte Zusage aus gewissen Situationen retten können, erfordert oft halsbrecherische Purzelbäume.

Das geht von: „vielleicht, „In ein paar Tagen", „Unter Umständen", „nach nochmaliger Verhandlung und

Berücksichtigung von", „nur unter folgenden Bedingungen."

Das kann dann so lange dauern, dass die kurze Antwort „Ja!" außer Blickweite geraten ist.

Nun ja, ein „Ja" ist eine endgültige Aussage und da gibt es dann kaum noch ein zurück. Und wer wagt das noch, da doch schon so viele Gegner warten, um dieses kleine Wort auseinander zu bröseln.

Und am Ende heißt es dann vielleicht: „Ja, so habe ich das auch nicht sagen wollen."

Das ist unsere Gesellschaft. Bei wichtigen Entscheidungen will letztendlich keiner die Verantwortung übernehmen. Da ist schon ein „Nein" ein Wort, das Klarheit vermittelt, denn da ist jemand, der seinen Standpunkt klar zum Ausdruck bringt. Und jeder weiß, woran er ist.

Aber ist das „Nein" wirklich eine mutige Aussage, oder nur Ausdruck sich gegen eine Gruppe zu stellen, um Aufmerksamkeit zu erhaschen?

Gegner und Neinsager haben es immer leichter, also sind sie eigentlich die Schwächeren. Sie brauchen letztendlich auch für eine falsche Entscheidung nicht gerade zu stehen.

Doch hätten wir nur „Neinsager", würde es nie vorangehen.

Das kleine Wort „Nein", ist also ein großes Gewicht auf der Waage der Entscheidungen. Im richtigen Moment von der Waage genommen, lässt es den Fluss des Erfolges und des Fortschritts fließen.

So ist das „Ja" und „Nein" wohl auch in der Bibel zu verstehen.

Ist die Waage im Leben wichtig?

Wenn wir an die Waage denken, blitzt unser Körpergewicht im Kopf auf. Es sind fast immer einige Kilo zu viel, was uns da angezeigt wird und so ist die Waage nicht gerade unser Freund, Nein, wir kämpfen gegen sie, obwohl sie uns doch nur die nackte Tatsache unseres Lebensstils vor Augen führt. Und so ist sie der Sündenbock für unsere negative Stimmung, obwohl sie doch gar nichts dafür kann.

Warum stellen wir uns eigentlich der ständigen Kontrolle? Wir wissen doch genau, wann wir mal wieder über die Stränge geschlagen haben.

Dieses Phänomen, des Zuviel, kennen wir auch in Politik und Wirtschaft. Auch dort wird oft mehr als erwünscht in die Waagschale geworfen. Dann gehen die Preise unter Umständen in die Höhe, Mieten steigen, Kitaplätze werden teurer und der erhoffte Ausgleich ist mal wieder nicht erreicht.

Doch wie schwierig es ist, eine Waage im Gleichgewicht zu halten, hat wohl schon jeder einmal ausprobiert.

Am Schwierigsten ist das im Versuch zwischen den Staaten, denn da sind die Gewichte oft:" Krieg oder Frieden, Ablehnung und Annäherung, Sanktionen oder Verhandlungsbereitschaft". Und schon ein kleines Gewicht kann da die Waage in die andere Richtung pendeln lassen.

Das Abwägen kann in solch einem Fall so lebenswichtig sein, wie bei einer Zusammenstellung eines Medikamentes, wo ein Milligramm schon über Tod und Leben entscheiden kann.

Also ist die Waage, egal in welcher Lebenssituation, immer ein wichtiger Gradmesser bei der Entscheidungsfindung.

Bei dieser Überlegung habe ich eine Kinderwippe vor Augen, bei der entweder zwei etwa gleich schwere Kinder links und rechts Platz nehmen müssen, damit das Gleichgewicht stimmt. Aber wenn das nicht der Fall ist, dann muss sich eine Partei auf die andere zu bewegen. Eine ganz einfache Lösung, und doch kann die Einigung so schwer sein.

Was immer wir im Leben tun. Das Gleichgewicht ist stets das Ziel.

Und jede Verschiebung bringt Unruhe, Überheblichkeit und Machtansprüche, die zu Lasten des Schwächeren gehen.

Mühen wir uns daher im Leben stets um

Ausgleich und Verstehen.

Verstehen

Manchmal ist es sehr schwer, diesem Wort ein Gesicht zu geben. Denn nicht immer ist unser Gegenüber bereit, diese Fürsorge anzunehmen. Oft wird es sogar als Einmischung in die ureigenen Angelegenheiten des Nächsten verstanden. Und so kann die gutgemeinte Absicht ins Gegenteil umschlagen. Das wäre aber gerade das, was man nicht erreichen möchte.

Dem Wort „Verstehen" Leben ein zu hauchen, bedarf eines sehr guten Einfühlungsvermögens und viel Fingerspitzengefühl. Es kommt zudem auch noch darauf an, welche Hilfe angezeigt ist.

So kann in einer Trauerphase ein mitfühlendes Verstehen eher vermittelt werden, als wenn es um eine gesellschaftliche Schieflage geht. In diesem Fall möchte man oft seine prekäre Lage nicht öffentlich machen und es gehört ein großes Vertrauen auf beiden Seiten zu einer erfolgversprechenden Hilfe.

Doch auch wenn Ablehnung die erste Reaktion ist, kann noch ein Kontakt entstehen, wenn der Helfende die Zurückhaltung des Betroffenen akzeptiert und diskret behandelt.

Nichts fürchtet ein Hilfesuchender mehr, als das seine Missliche Lage breitgetreten wird. Diskretion ist also im Zusammenhang mit „Verstehen", oberstes Gebot.

Wer das nicht akzeptieren kann, sollte sich mit dieser Mission nicht befassen. Dazu ist nur ein Mensch geeignet, der seinen Mund verschließen kann und die Sache so behandelt, als ginge es um seine Eigene.

Wenn das vermittelt werden kann, wird zwischen Betroffenem und Helfer ein liebendes „Verstehen" wachsen, und dieses Verstehen wird Früchte tragen, die heilen und Hoffnung geben.

Heilung, wo erfahre ich sie?

Bei dem Wort „Heilung" denkt man zunächst an ein körperliches Krankheitsbild. Es gibt Symptome, doch der Auslöser ist verborgen und somit nicht ohne weiteres angreifbar und alles, was im Geheimen geschieht, ist Angsteinflößend und steht einer Heilung im Wege.

Eine leichte Besserung lässt die Hoffnung auf Heilung wachsen und sie ist die erste Waffe gegen den Feind. Sicher ist sie auch für den Arzt eine wichtige Waffe, denn der Wille zur Heilung muss sich auch im Körper des Kranken verbreiten.

Wie oft schon habe ich Heilung erfahren?

Und war ich immer dankbar? Oder denke ich, das ist die Arbeit des Arztes und wenn Heilung nicht eintritt, ist er ein Versager.

Heilung bezieht sich nicht nur auf körperliche Gebrechen und Schmerzen. Viel schwieriger ist eine

Heilung der Seele. Wenn sie nach Hilfe schreit ist der ganze Mensch betroffen, nicht nur ein Körperteil.

Gefühle, Empfindungen, Gedanken, alles ist bei seelischen Krankheiten aus dem Gleichgewicht geraten. Auch bei dieser Erkrankung wäre es schön, wenn man alles auf den Anfangspunkt zurücksetzen könnte, um es dann wieder neu zu starten. Nur geht es beim Menschen nicht so leicht, wie in Computersystemen.

Und doch wird der Therapeut in vielen Gesprächen versuchen, bis zu dem Punkt vorzudringen, wo das Heilsgefühl einen Sprung bekommen hat, um es von da an neu aufzubauen. Das ist ein langer Prozess und nie steht die Garantie der Heilung dahinter. Bei dieser Art des Heilungsversuches sind jedoch freundschaftliche Kontakte von großer Wichtigkeit und können sogar beim Heilungsprozess helfen.

Wie schön es ist, dazu beigetragen zu haben, dass ein Freund den Weg aus seiner Depression gefunden hat, kann nur der ermessen, der es erfahren durfte.

Oft ist es ein Gedankenanstoß, ein Gefühl der Nähe und des verstanden seins, das bei diesen Krankheiten eine Wende zur „Heilung" einleitet.

Wer „Heil" ist, kann sich zufrieden zurücklehnen und dankbar neu durchstarten.

Wann starte ich neu durch?

Da gibt es im Leben viele Gelegenheiten einen Neustart zu wagen. Oft beginnt das schon nach dem Schulabschluss. Wo liegen die Stärken, die zu mobilisieren sich als nützlich erweisen könnten? In diese Richtung wird dann wohl der Neustart Fahrt aufnehmen.

Da ist es egal, ob es ein Studium ist oder eine Lehre. Wenn das Interesse geweckt ist, sollte von außen kein Einfluss genommen werden. Es sei denn, dass dieser Neustart aus Erfahrungsgründen ins Nichts führt oder auf die schiefe Bahn.

Auch solch ein Neustart ist nicht selten.

Einmal in schlechte Gesellschaft geraten, kann zum völligen Fehlstart werden. Doch auch aus solch einer Fehlentscheidung gibt es immer eine Möglichkeit zu entkommen. Dazu gehören jedoch immer gute Freunde, auf die man sich verlassen kann.

Von einem Freund, der immer an der Seite steht, lesen wir in der Bibel:

Jesus ist so ein Freund, mit dem durchzustarten stets Erfolg verspricht, denn mit ihm ist ein Fehlstart ausgeschlossen.

Doch auch mit ihm an der Seite kann dieser Neubeginn ein großes Abenteuer werden, weil Freundschaft stets ein Geben und Nehmen ist.

Wenn ich das begriffen habe, dann kann ich sagen: „Jetzt starte ich neu durch"!

Und es wäre schön, wenn mir viele folgen würden.

Wem folgen die Menschen?

Ich denke, diese Überlegung beginnt mit der Suche nach einem Vorbild, dem man folgen möchte. Diese Vorbilder sind zu finden in Film, Medien, bei Schriftstellern, Sportlern, bekannten Persönlichkeiten in Politik und Forschung, Wissenschaft und Religion, aber auch bei Menschen, die lange vor uns gelebt haben.

Je nach Veranlagung wird man inspiriert von diesen Menschen und deren Lebensleistung.

Andere Vorbilder finden sich unter Film und Fernsehgrößen, die oft bis ins Kleinste kopiert werden, weil man glaubt, ihnen so nahe zu sein.

Doch ob es sich lohnt, sich mit diesen Stars zu identifizieren, bleibt dahingestellt.

Da gibt es auf der anderen Seite viele Persönlichkeiten, deren Lebenswandel und Einsatz für Andere zur Nachahmung ermutigen. Ich denke da an: Nelson Mandela, Mutter Theresa, Karl-Heinz Böhm, Adolf Kolping und viele Wohltäter quer durch die Gesellschaft.

Das Werk dieser Menschen lebt weiter, weil ihr Vorbildcharakter zur Nachfolge. ermutigt.

Doch wer nicht auf der Hut ist, kann sehr leicht den falschen Propheten folgen. Sie werben mit großen Hilfsprojekten und letztendlich fließen die gespendeten Gelder dann in ihre eigenen Taschen. Und mit ihrem unseriösen Verhalten schaden sie den wahren Hilfsorganisationen.

Wenn gespendet wird, dann doch lieber an die bekannten Stellen wie: „Brot für die Welt", „Adveniat", „Caritas", „Diakonie" „DRK", wo wir gewiss sein können, dass die Spenden auch die Hilfesuchenden erreichen. Sie erreichen die Ärmsten der Armen in der ganzen Welt.

Aber auch jeder, der sich mit ganzem Herzen für bedürftige Menschen einsetzt, die am Rande der Gesellschaft leben müssen, ist ein Vorbild, dem zu folgen sich lohnt.

Für viele Zeitgenossen ist Papst Franziskus ein Vorbild der Nächstenliebe.

Immer wieder ruft er den Menschen zu:" Geht an die Ränder der Gesellschaft und verschafft den Armen eine Stimme"!

Auch unsere Stimme sollte gehört werden in unseren Familien, in den Gemeinden und in unserer Umgebung, denn jede Stimme zählt, die zu Nächstenliebe aufruft. Auf welche Stimme sollten wir hören? Vielleicht auf die, die uns sagt:

„Ich bin der Weg, die Wahrheit und das Leben?"

Der Weg

Wir alle sind auf dem Weg, doch es gibt so viele Wege und den Richtigen zu finden ist eine schwierige Aufgabe.

Das Leben ist ein Labyrinth, in dem der Weg in die Sackgasse führen kann, wo es nur ein zurück und ein „Halt" gibt. Verlorene Lebenszeit? Sicher nicht, denn auch Grenzerfahrungen gehören zu jeder

Wanderschaft und aus jedem Irrgarten führt auch ein Pfad hinaus.

Wir wandern auf unserem Lebensweg auf vielen kleinen Pfaden, doch ginge unser Weg nur auf der breiten Straße dem Ziel entgegen, würden wir so manches Wunder verpassen.

Und diese kleinen Dinge, die das Leben für uns bereithält sind oft die Sahnestücke in der Biographie unserer Lebensläufe.

Wir beginnen zwar fast immer in kleinen Seitengassen, um uns Stück für Stück in die Zentren vorzuarbeiten. Doch wenn wir im Nachhinein die Wegabschnitte unseres Lebens betrachten stellen wir fest, dass gerade die kleinen Etappen uns den richtigen Blickwinkel erkennen ließen.

Der Lebensweg ist wie eine berufliche Ausbildung. Die können wir auch nicht in der Chefetage beginnen. Und ein Vorgesetzter, der die Erfahrungen der Anfangsschwierigkeiten und deren möglichen Fehler mitbringt, wird immer gerechter urteilen können.

Im Leben ist es wie in einem Betrieb. Es gibt viele verschiedene Arbeitsbereiche, doch jeder ist nötig um ein Gespür für das Ganze zu bekommen.

Für frühere Generationen war diese Einstellung eine ganz normale. Es hieß nicht zu Unrecht:" Lehrjahre sind keine Herrenjahre!" und die Handwerksburschen gingen „Auf die Walz", weil sie auf diesen Wegstrecken neues Wissen aufnahmen, dass ihnen später im Beruf zu Gute kam.

Wir sehen, dass gerade auch auf unbekannten Wegen Schätze liegen, die gehoben werden sollten.

Heute gehen junge Leute oft schon während des Studiums für ein Jahr ins Ausland um auf ganz neuen Wegen Erfahrungen zu sammeln.

Auch in den Religionen haben sich schon vor Jahrtausenden Menschen auf den Weg gemacht, um Anderen von ihrem Gott zu erzählen.

Jesus sagte von sich:" Ich bin der Weg!" Und auf diesem Weg sind weltweit Millionen von Menschen unterwegs.

Unterwegs sein

Alle Menschen sind unterwegs in ihrem Leben, von der Geburt bis zu ihrem Tod. Doch wer denkt bei der Geburt eines Kindes an die Endlichkeit dieses kleinen Wesens? Da überwiegt die Freude, da stehen wir staunend vor dem Wunder des Lebens.

Und doch ist die Geburt der Beginn einer Wanderschaft durch die Zeit. Alles ist neu und aufregend. Es gibt so viel zu entdecken. Wie lange dauert diese unbekümmerte Phase? Auch das ist bei jedem unterschiedlich. Es gibt Lebensläufe, die diese friedliche und beschützte Strecke lange genießen können.

Doch wir hören auch von Lebenssituationen, wo schon Kinder mit der Härte des Lebens konfrontiert werden. Sei es durch Krieg, Hunger, Lieblosigkeit, Verletzungen, Naturkatastrophen und vielerlei Gefahren, die sie gnadenlos aus diesem unbeschwerten Paradies hinausreißen. Für sie ist das Unterwegssein schon früh zu einem beschwerlichen Weg geworden.

Gott liebt die Kinder, das lesen wir in der Bibel immer wieder. Eine ganz bekannte Stelle ist die Aussage Jesu:

„Lasst die Kinder zu mir kommen, denn ihnen gehört das Himmelreich!"

Es muss Gott zutiefst schmerzen, wenn er sieht, wie die Menschheit mit Kindern umgeht und was für Leid sie über so viele Eltern bringt.

Auch die Verursacher dieses Leids sind unterwegs. Werden sie diesen Weg bis zum Ende durchgehen, der sie auf die entgegensetzte Wegstrecke führt?

Wenn wir nur einem von ihnen das „**STOPSCHILD**" entgegenhalten könnten damit er über seinen Weg nachdenkt, wäre das vielleicht der Tropfen der Nächstenliebe, den Gott von uns erwartet. Denn bei ihm zählt jede, auch die kleinste gute Tat.

Sagen sie vielleicht:" **Was bringt das schon?**"

Ich setze dagegen:

„Wenn jeder auf unserer Erde nur eine dieser Erwartungen Gottes in seinem Leben umsetzen würde, wäre es friedlicher auf unserem Planeten."

Unser Planet

Was wissen wir von ihm? Interessieren wir uns überhaupt für ihn? Oder denken wir:" Nach uns die Sintflut? Wenn wir ernsthaft darüber nachdenken, müssen wir uns wohl eingestehen, dass diese Überlegungen unseren Tagesablauf kaum beeinflussen.

Wir hören die Mahnungen von Umweltorganisationen, doch oft werden sie nur belächelt. Doch sie rütteln die Menschen auf, sich über unseren Planeten Gedanken zu machen.

Es ist nicht alles selbstverständlich, was uns die Erde zum Leben liefert:

Licht, Luft, Wasser, Nahrung........

Naturgewalten lassen ahnen, welche Kräfte am Werk sind, denen wir auch in unserer Zeit noch keinen Einhalt gebieten können.

Egal ob diese Kräfte aus der Luft, durch Sturm, Orkan, Blitz und Donner, oder Vulkanausbrüchen aus den Tiefen der Meere kommt. Es sollte uns nicht egal sein. Wir müssen alles in unseren Kräften mögliche tun, um diesen Planeten auch für unsere Nachkommen bewohnbar zu erhalten.

Es können sicher auch hier nur kleine Dinge sein, doch dass aus geringen Anfängen eine große Hilfe entstehen kann, wird uns bei Hilfsaktionen immer wieder gezeigt.

Wir sollten bedenken, dass wir nicht nur für das menschliche Geschlecht Verantwortung zu übernehmen haben, sondern für die ganze Schöpfung.

So hat es uns der Schöpfer aufgetragen und dies in einer Verantwortung für alles was lebt auf dieser Erde.

Verantwortung – Was für ein großes Wort

Von vielen heiß ersehnt, von anderen gemieden, von einigen sogar gehasst.

Dieses Wort taucht häufig in Familien auf. Da hat ein älteres Kind schon Verantwortung zu übernehmen für eine jüngere Schwester oder einen Bruder und da wird dies nicht gerade mit Freude aufgenommen. Viel lieber möchte man nur für sich selbst Verantwortung übernehmen und das heißt dann meistens:" Freie Bahn". Die Eltern hören dann oft:" Ich kann schon auf mich allein aufpassen!" Doch dass bis zur Volljährigkeit die Eltern die Verantwortung für ihre Kinder haben, wird gern vergessen.

Es gibt natürlich auch Menschen, die versuchen, jeder Verantwortung aus dem Weg zu gehen. Warum sich mit so etwas belasten, was doch nur Ärger einbringen kann, ist ihre Argumentation. Und so leben sie in den Tag hinein, sind mit Wenigem zufrieden und lassen den lieben Gott einen guten Mann sein. Doch wehe es läuft mal aus dem Ruder.

Dann auf einmal erinnern sie sich an dieses Wort – Verantwortung – aber nicht etwa in Bezug auf sich selbst, nein auf die Verantwortung der Gesellschaft und damit der Anderen, die für sie zu sorgen haben.

Doch dann gibt es auch die Sorte Menschen, die nur danach streben, endlich Verantwortung übernehmen zu können. Diese Verantwortung definiert sich aber nur auf das eigene Vorankommen und die zu erwartende Anerkennung durch die Gesellschaft.

Wir sehen, wie vielfältig mit diesem wichtigen Wort, im Zusammenspiel der Menschen umgegangen wird.

Wo liegen nun unsere Ambitionen im Hinblick auf dieses Wort?

Es wäre schön, wenn wir eine andere Auslegung dieses Wortes finden würden. Vielleicht – **Nächstenliebe?** – Das wäre ein schönes Fundament für jede Art der Verantwortung.

Denn Verantwortung sollten wir nur übernehmen, wenn es uns ernst ist mit der Sorge in Familie, Gesellschaft, Umwelt, Religion und so vielen anderen Möglichkeiten.

Das wäre eine Aufgabe, die schöner nicht sein kann, denn sie gibt uns die Möglichkeit einiges zum Guten zu bewegen.

Und wer möchte das nicht.

Das Fundament

Fundamente sind wichtig. Das kennen wir von vielen Bauten. Da sind Überlegungen nötig, von denen ein Nichtfachmann keine Vorstellungen hat. Wenn ich so gewaltige Baustellen sehe wie Flughäfen, Bahnhöfe oder in Hamburg die Philharmonie, dann würde mir Angst und Bange werden, wenn ich auch nur für einen Teil Verantwortung übernehmen müsste.

Und doch ahne ich, dass es im Endeffekt zum großen Teil auf das Fundament ankommt.

Schon in der Bibel wird uns gesagt, dass ein Haus, welches auf Sand gebaut wurde, durch Wasser und Sturm gefährdet ist und der Bauherr keine Freude daran haben wird.

Doch wie wir wissen, sind Fundamente nicht nur im Zusammenhang mit Neubauten wichtig. Nein, in vielen Bereichen des Lebens kommt es auf das richtige Fundament an um Stabilität und Haltbarkeit zu garantieren.

Wer sich durch Schule, Lehre, und Studium ernsthaft auf seinen Beruf vorbereitet hat, kann auf diesem Fundament aufbauen und wird nicht scheitern.

Wenn ich das so niederschreibe denke ich aber auch an so viele junge Menschen, die dieses Fundament gelegt haben, dann aber aus Arbeitsmangel in ihren

Ländern nicht weiter kommen. Auch da mangelt es an einem Fundament, das Länder übergreifend für Lösungen suchen und die Verantwortung nicht nur im eigenen Land im Auge haben.

Die Europäische Union könnte solch ein Fundament legen, doch wir sehen und hören wie eigennützig zum Teil dort gedacht wird. Die Uneinigkeit sehen wir jetzt an dem Flüchtlingsproblem, wo viele Länder nur an sich selber denken.

Wann endlich verstehen sich die Menschen als Weltbevölkerung? Ein Ziel, das nicht einmal die Religionen auf die Reihe bekommen, solange sie glauben, dass jede Religionsgemeinschaft ihren eigenen Gott hat.

Früher kämpften die Götter gegeneinander. Heute haben es die Menschen übernommen und so bauen sie kein Fundament, sondern wieder einen Turm zu Babel, der zur Folge hat, dass sie die Sprache des Nächsten nicht verstehen.

Denn ein großer Baustein fehlt. - Das Vertrauen –

Das Vertrauen

Dieser Baustein sollte bei keiner Unternehmung fehlen. Er ist ein Eckstein, der über Erfolg oder Niederlage entscheiden kann. Den ersten Menschen, denen wir vertrauen entgegen bringen, sind unsere Eltern. Kinder vertrauen ihnen blind. Doch wenn schon in den ersten Lebensjahren Vertrauen zerstört wird, kann das Auswirkungen auf das ganze Leben haben. Ein blindes Vertrauen kann immer zu Einbrüchen führen und trotzdem ist eine zu große Vorsicht in diesem Fall ebenso schädlich, denn wo Misstrauen herrscht, wird sich Vertrauen nicht aufbauen lassen.

Viele Menschen haben in den letzten Jahren den Banken ihr Vertrauen geschenkt und sind häufig bitter enttäuscht worden. Sie vertrauten dem Fachwissen der Banker und ahnten nicht, dass diese durch leichtsinnige Spekulationen mit dem Vertrauen ihrer Kunden spielten. Spiel sollte bei dem so wichtigen Umgang mit diesem Wort nie vorkommen. Spielleidenschaft birgt immer Gefahren und hat mit Vertrauen nichts zu tun.

Manchmal hört man den Satz: „Ich vertraue auf mein Glück!" Doch es ist besser auf seinen Verstand zu vertrauen.

Bei der Trauung setzen die Eheleute ein großes Vertrauen in den Partner. Denn da ist ein Bund, in dem Vertrauen ein ganz wichtiger Baustein ist. Nur wenn ich meinem Partner vertrauen kann, kann Liebe wachsen und wird Bestand haben.

Bei vielen Sportarten ist Vertrauen eine Voraussetzung für den Erfolg oder Misserfolg. Beim Eiskunstlauf der Paare oder beim Tanzen geht ohne Vertrauen gar nichts. Genauso bei Rettungsaktionen, wo Helfer und Opfer dem Anderen voll vertrauen müssen.

Wenn jemand als vertrauenswürdig eingeschätzt wird, ist das eine große Auszeichnung und sagt alles über seinen Charakter aus.

Sogar unter Ganoven ist Vertrauen eine ganz wichtige Sache. denn ein Vertrauensbruch kann da eventuell zu lebenslanger Haft führen,

Ich vertraue da lieber der Hl. Schrift und deren Aussagen.

Ganoven - Verbrecher –Polizei

 Das sind doch Worte, die wir oft hören und die auch an Stammtischen für Gesprächsstoff sorgen.

Da kommt der ganze Frust hoch über milde Strafen, zu viel Nachsicht mit den Tätern und die ganzen Entschuldigungen, die so milde Strafen zur Folge haben.

Reihenweise Einbrüche, Überfälle und Straßenraub, Schlägereien bis zum Totschlag. Und die Frage wird gestellt:

" In was für einer Welt leben wir eigentlich?"

Für viele sind pauschal die Ausländer die Schuldigen, aber denken wir auch einmal an diejenigen, die bei uns ganz normal leben und die nur wegen ihres Aussehens in den gleichen Topf gesteckt werden?

Was würden wir sagen, wenn wir im Ausland, nur weil wir blonde Haare haben, als gefährlich eingestuft würden? Denn auch wir sind in anderen Ländern – Ausländer -.

Mit dieser Gleichmacherei schüren wir eine Angst, die zu dieser Pauschalisierung gegenüber Personen mit südländischem Aussehen führt.

Wir sollten uns daran erinnern, dass wir im Urlaub in südlichen Ländern gerade die Gastfreundschaft der Bevölkerung schätzen.

Ganoven und Verbrecher finden wir zur Genüge auch unter unseren Deutschen Spezies. Überall gibt es Gute und Böse. Natürlich kann man das nicht an der Haut- oder Haarfarbe festmachen.

Zu bedauern sind die Polizisten, die diesen gewaltbereiten Typen entgegentreten müssen. Und dieser, so wichtige Job, wird miserabel bezahlt. Sollte uns unsere Sicherheit nicht mehr wert sein?

Unter den Ganoven nennt man die Polizisten nur – BULLEN –

Der Begriff – Bulle – steht eigentlich für Größe und Stärke und ein Bulle ist für jeden Bauern ein Wertobjekt.

Wenn das so ist, sollte der Staat seine Polizisten dann nicht auch als seine Wertobjekte sehen und dementsprechend bezahlen?

Es wäre zu ihrem und unserem Nutzen.

Wertobjekte

Was würden Sie unter diese Rubrik einordnen? Ich glaube das ist eine Frage, die auf vielfältige Weise beantwortet werden kann.

Zunächst wird jeder Bürger an Grundstücke und klotzige Häuser denken. Und diese Einstellung kommt auch nicht von ungefähr. Wenn wir am Wochenende die Angebote der Makler in den Tageszeitungen sehen, dann sucht man preiswerte Objekte meist vergebens. Der Durchschnitt liegt bei 250.000,-- € bis weit über eine Million.

Natürlich ist die Wohnlage ausschlaggebend aber wenn dieser Trend so weiter geht, dann dauert es nicht mehr lange und wir haben Wohngebiete, die den Armenvierteln im Ausland entsprechen werden, die aber auch nur von minderbemittelten Menschen bewohnt werden.

Diese Zwei Klassen Gesellschaft will doch keiner – oder?

Heute können sich doch schon viele Menschen kaum noch eine Wohnung leisten, denn bei dem so angepriesenen Mindestlohn, reicht das Einkommen, bei den ständig steigenden Preisen, vielleicht gerade mal für die Miete.

Wertobjekte haben bei diesen Menschen einen bitteren Beigeschmack. Vielleicht werden die teuren Gegenden demnächst auch mit hohen Zäunen gesichert.

Doch wer fühlt sich dahinter dann noch wohl?

Für gutbetuchte Bürger sind Wertobjekte: Teure Gemälde, Schmuck, antike Möbel, Juwelen und Diamanten.

Für Menschen, die auf der Straße leben ist es vielleicht ein Depot, wo Lebensmittel in Müllcontainern zu haben sind oder Pfandflaschen, die zu Geld gemacht werden können.

Sind diese Gegensätze eines reichen Landes würdig?

In der Bibel lesen wir da jedoch vom Teilen mit unseren Mitmenschen.

Gegensätze

Zunächst heißt es immer:" Gegensätze ziehen sich an."

Diese Aussage bezieht sich auf einen Partner, mit dem man das Leben teilen möchte.

Es ist eine fadenscheinige Meinung, denn genauso könnte man sagen:" Gleiche Interessen garantieren eine gute Beziehung".

Doch an diesen Meinungsunterschieden sieht man schon, wie schwierig es ist, Aussagen richtig einzuordnen. Auf dieser Aussage allein sollte man niemals eine feste Bindung eingehen.

Im vorangegangenen Text war das Wort „Gegensätze" ganz anders definiert. Da ging es um gravierende Gegensätze, die unsere Gesellschaft spalten. Diese dort benannten Gegensätze können krasser nicht sein. Wo protziger Reichtum auf himmelschreiende Armut trifft, kann von Angleichung keine Rede sein.

Da werden Arme höchstens motiviert, sich auf illegalem Wege an den Wertsachen der betuchten Mitbürger zu bereichern weil sie, wie sie meinen, von dem ganzen Plunder sowieso genug haben. Dass das keine Lösung des Problems zwischen Arm und Reich ist, weiß jeder. Doch an der Tatsache, dass die Gegensätze immer weiter auseinanderdriften, kann nicht vorbeigegangen werden. Denn sind nicht oft gerade diese extremen Gegensätze der Anlass für so viele gewalttätige Auseinandersetzungen? Am Anfang der Menschheitsgeschichte wurde die Erde allen Menschen übergeben.

Warum das nicht zu verwirklichen ist, liegt bis heute am Machtstreben und Egoismus der Menschen.

Auch hier wäre die Bibel ein guter Ratgeber, denn dort heißt es:

Du sollst deinen Nächsten lieben, wie dich selbst.

Diese Einstellung wäre natürlich der Tot für Egoismus, Eigenliebe und Machtdenken.

Doch sie wäre vielleicht der Anfang für ein friedlicheres Miteinander in der Familie, dem Freundeskreis, unter Arbeitskollegen und der Gesellschaft allgemein.

Ein Traum, den wir zum Leben erwecken sollten.

Egoismus

Wohin führt dieses Wort?

Wenn Menschen ihr Ego an die erste Stelle all ihres Tuns stellen, ist Egoismus vorprogrammiert. Es tötet jede gute Beziehung und verschließt die Augen vor Annäherung und Vergleich.

Es wirkt wie ein Schloss vor einem Tresor. Wenn es zugeschnappt ist und die Zahlenkombination nicht bekannt ist, ist jeder Versuch es zu öffnen unmöglich.

Gewaltsam öffnen zerstört ihn bis zur Unbrauchbarkeit.

Hat Egoismus aber das Herz eines Menschen in Besitz genommen, wird es genauso schwierig zu öffnen sein, wie dieser Geldschrank.

Hinter dicken Wänden ist Mitgefühl, Hilfsbereitschaft und Liebe unerreichbar abgeschirmt. Alle Versuche, sich diesen positiven Eigenschaften zu nähern, prallen ab an der kalten Umzäunung.

Der Mensch, der sich so eingeigelt hat, merkt nicht mehr, dass er alle menschlichen Eigenschaften aus seinem Leben verbannt hat und eigentlich nur noch wie ein Roboter reagiert.

Mit noch so gutem Zureden wird er seine Haltung nicht ändern. Doch eine ungeahnte Hilfe, in einer problematischen Lage, kann das Eis brechen.

Denn Wärme, Zuneigung und Hilfsbereitschaft können Türen öffnen, die doppelt und dreifach verriegelt waren.

Es ist immer wieder die Liebe, die den Zugang zu den Herzen der Menschen findet.

Wenn wir diesen Schlüssen nicht aus der Hand geben, können wir viele Türen öffnen.

Verschlossene Herzen sind wie Eisberge, die nur zu einem Teil sichtbar sind, jedoch in die Tiefe gehen und unsichtbar tödliche Kälte verbreiten.

Dieses Eis kann nur durch das Feuer der Liebe geschmolzen werden und wie schwer das ist, haben die Völker über Jahrtausende erfahren.

Doch es gab einen gewaltigen Licht- und Wärmestrahl vom Himmel, der uns die Lösung dieses Problems aufgezeigt hat und das ist? **Die Nächstenliebe**.

Nächstenliebe

Das ist zwar eine Lösung, doch wie schwierig es ist, seinen Nächsten wirklich aus ganzem Herzen zu lieben, das ist eine Forderung, die zu erfüllen wohl die Schwerste in unserem Leben ist.

Wir haben doch sicher alle eine ganze Reihe von Zeitgenossen um uns, die wir wirklich nicht gut leiden können, geschweige denn lieben.

Ich könnte jedenfalls einige aufzählen, die mir nicht gerade so sympathisch sind, dass ich ihnen meine Liebe schenken möchte. Das ist natürlich schon eine Aussage, die ich eigentlich gar nicht von mir geben sollte, denn mein Glaube setzt voraus, dass ich meinen Nächsten lieben soll.

Jesus sagt: **Liebe deinen Nächsten, wie dich selbst.**

Doch wer sagt denn, dass ich mich liebe? Also, wenn ich mich selbst nicht lieben kann, warum sollte ich dann den Nächsten lieben? Ich habe doch an mir selbst schon so viel auszusetzen, dann würde doch das Urteil über den Nächsten um einige Punkte schlechter ausfallen. Oder meint etwa jemand, dass er dem Außenstehenden mehr Punkte zugestehen würde, als sich selbst?

Wo beginnt dann die Liebe und wie erkenne ich sie überhaupt? Darüber sollte ich mir zunächst Gedanken machen. Ich liebe meinen Ehemann und auch an ihm finde ich Seiten, die ich nicht so einspruchslos lieben kann. Doch wenn ich von mir ausgehe, dann muss ich mir zunächst einmal überlegen, wie ich mich selbst liebe. Vielleiht wenn ich mir etwas Gutes tue? Ich nehme mir z.B. gern Zeit, in der ich ganz allein für mich sein kann. Diese Zeit teile ich mir dann gerne ein, zum Lesen eines guten Buches, zum Malen und Schreiben. Bei diesen

Tätigkeiten kann ich mich ganz auf mich konzentrieren und ich genieße es, meinen Gedanken freien Lauf zu lassen. Das sind Zeiten, in denen ich glücklich bin. Oder es sind Zeiten, in denen ich ein Gespräch mit Gott im Gebet suche und die Stille genieße, in der ich Seine Gegenwart zu spüren glaube.

In diesen Zeiten geschieht es oft, dass ich an andere Menschen denke und sie in meine Gedanken und Gebete einbeziehe. Ich wünsche mir dann oft von Herzen, dass sie diese Augenblicke auch erleben dürfen und bitte Gott, sie ihnen zu schenken.

Vielleicht sind das Momente, wo ich wirklich tief in meinem Inneren eine Liebe zum Nächsten spüre. Begegnungen mit Menschen in Altenheimen oder Krankenhäusern, lassen in mir auch einen inneren Frieden aufkommen, wenn ich merke, dass sie sich über meinen Besuch freuen. Wahrscheinlich sind es solche Zeiten, die Nächstenliebe gegenwärtig werden zu lassen. Sie erinnern an so viele Aussagen, die wir aus der Bibel kennen, wo Jesus die Nähe der Menschen gesucht hat um ihnen seine Liebe zu zeigen.

So glaube ich, dass viele Menschen diese, für viele so anspruchsvolle Aufforderung zur Nächstenliebe, in die Tat umsetzen ohne sich dessen bewusst zu sein.

Die Tat

An was denken wir da zuerst`?

An die „**Gute Tat**"? Oder die „**Kriminelle Tat**"?

Wollen wir einmal mit der „Tat" beginnen, die in allen Ländern Polizei, Anwälte und Gerichte beschäftigt. Und wir fragen uns zunächst, wer und warum kommt man in eine Situation, wo das Recht der Gesellschaft gebrochen wird? Es gibt in diesem Bereich ganz sicher so viele Anlässe hinein zu schlittern, wie Worte über die wir im Leben stolpern können.

Die „Tat", die sich gegen das Eigentum Anderer richtet, ist genauso zu verurteilen, wie die „Tat", die Menschenverletzungen zur Folge hat.

Oft wird bei einem Einbruch mehr Schaden angerichtet, als Wertgegenstände erbeutet werden. Darüber machen sich die Täter jedoch keine Gedanken. Im Gegenteil. Wenn nichts erbeutet wird, wird aus Enttäuschung umso mehr zerstört.

Leider sind Täter an ihrem Äußeren nicht zu erkennen, sonst könnten wir ihnen aus dem Wege gehen.

Doch wenn das so wäre, dann würden wir wahrscheinlich die Menschen, die der „Guten Tat", zugerechnet werden müssen, überfordern. Schon jetzt ist es oft so, dass wer bereit ist, sich für andere einzusetzen, immer wieder eingespannt wird. So kann die „Gute Tat" auch zur Last werden, die man ablegen möchte, wie einen großen Rucksack, der immer schwerer zu werden scheint.

Es gibt die „Gute Tat", die nur einmal geschehen muss und wer sie vollbracht hat wird nie in Vergessenheit geraten.

Als Erster, der mir da vor Augen steht, ist

Jesus, Gottes Sohn.

Er litt und starb einmal, um die Menschen zu erlösen und diese „Gute Tat" ist durch nichts zu überbieten.

Alles, was wir tun können ist vergänglich, doch für unsere Mitmenschen ist es häufig der letzte Anker, der aus einer schweren Lebenssituation heraus Rettung bringt.

Werden wir zu Menschen, die das Wort „Tat" im positiven Sinne nutzen!

Menschen

Wo ist der Sinn dieses Wortes für mich?

Sehe ich vor meinem geistigen Auge nur die Menschen, die mich umgeben und mit denen ich zusammen arbeite?

Vielleicht auch nur die, die in meinem Heimatland leben? Oder denke ich an alle Menschen auf unserem Planeten?

Jeder wird sagen:" Das sind alle Menschen!" und das ist eine gute Aussage. Aber ist das wirklich so? Stehe ich auch hinter dieser Meinung?

Nun ja, ich kann davon ja überzeugt sein aber das ist auch nur eine Meinung, so hört man. Eine Verantwortung steht da doch nicht dahinter, oder?

Und doch, das ist es gerade, dass ich Verantwortung übernehmen soll. Natürlich ist dies eine Aufforderung, der ich nicht gewachsen bin. Logischer Weise geht das auch nicht im finanziellen Sinne aber im Mittragen der Schwierigkeiten mit meinem Empfinden und im Gebet. Dass ich mit diesen Menschen mitfühle, als seien es meine Geschwister.

Dazu werden wir in der Bibel aufgefordert.

Für die jetzt Lebenden ist das wesentlich leichter als Generationen vor uns. Heute werden uns die Bilder von leidenden Menschen aus aller Welt täglich ins Wohnzimmer geliefert. Aber wir können auch an deren Freuden teilnehmen und so sind sie für uns näher, als den Menschen früherer Zeiten.

Wir freuen uns mit Menschen aus fernen Ländern, die sportliche Höchstleistungen erreichen, die große

Erfindungen aufzuweisen haben, die in spektakulärer Weise aus Lebensgefahr gerettet werden und zeigen damit, dass wir uns mit ihnen sehr emotional verbunden fühlen.

So sind die digitalen Erfindungen, die oft so verteufelt werden, auf diese Weise ein Segen, der nicht übersehen werden sollte.

Und aus diesem Grund sind wir dabei, immer enger zusammen zu wachsen zu einem einzigen Menschengeschlecht, das keine Unterschiede zulässt.

Doch Hass und Unverständnis sind noch so weit verbreitet, dass dieses Ideal wohl noch lange warten muss, bis es eine Selbstverständlichkeit ist. **Doch die Hoffnung stirbt zuletzt** und das sollte uns Mut machen, dieses Ideal anzustreben.

Hoffnung

Das ist ein Wort, das einen großen Frieden ins Herz legt. Hoffnung, die braucht man in so vielen Situationen des Lebens. Wo keine Hoffnung mehr ist, da ist das Leben kaum noch zu ertragen.

Hoffnungslosigkeit ist wohl die schlimmste Erfahrung, die ein Mensch machen kann. Man sagt immer, alles ist zu ertragen, wenn man noch Hoffnung haben kann, dass sich etwas zum Guten wendet.

Früher sagte man, wenn eine Frau ein Kind erwartete, sie sei guter Hoffnung. Das war eine sehr positive Einstellung in Erwartung auf die Geburt und ein gesundes Kind. Früher war diese Hoffnung, die da abgerufen wurde, sicher auch noch Berechtigter, denn in dieser Zeit starben noch viele Frauen bei der Geburt oder nachher an Kindbettfieber.

Auch in unserer Zeit wird jede werdende Mutter die Hoffnung auf eine gute Geburt und ein gesundes Baby im Herzen tragen.

Für unsere Gesellschaft sind Geburten eine Hoffnung, dass wir nicht überaltern, denn die Kinder sind die Zukunft unseres Landes. Die Kinderzahl geht immer weiter zurück, denn die jungen Ehepaare sind zumeist beide beruflich tätig und wenn sie sich für Kinder entscheiden, bleibt es zumeist bei einem. Es wird ihnen ja auch nicht gerade leicht gemacht. Die Frauen haben in den Betrieben immer noch nicht die gleichen Möglichkeiten des beruflichen Aufstiegs. Das liegt ganz sicher auch an der Tatsache, dass Frauen eben wegen Schwangerschaft oder Kinderbetreuung nicht so berechenbar sind für die

Planung in den Betrieben. Doch wenn wir unsere Rentenakrobatik der letzten Jahre vor Augen haben, dann wäre es ganz sicher eine gute Investition, damit die Alterspyramide eine Verjüngung erfahren könnte. So sind wir auf die Zuwanderung von Bürgern aus anderen Ländern angewiesen, damit das Gleichgewicht in etwa ausgeglichen werden kann. Doch leider sehen viele deutsche Bürger dieses Problem aus einem ganz anderen Blickwinkel. Sie meinen, dass wir von ausländischen Gruppen überrannt werden.

Doch wer so denkt, sollte zunächst überlegen, ob er nicht vielleicht sogar mit verantwortlich für dieses Dilemma ist, das er da so anprangert. Wir gönnen jedem seine berufliche und private Freiheit, aber von irgendwoher müssen die Gelder fließen, die später als Rente ausgezahlt werden können.

So ist auch in diesem Bereich die Ansage von Wichtigkeit: **Die Hoffnung stirbt zuletzt.** Doch wer hofft, der muss auch eine Perspektive vor Augen haben und sie akzeptieren, auch wenn sie nicht ganz seinem Geschmack entsprechen sollte. Denn von nichts kommt nichts.

So hoffen wir, das ein gutes und freundschaftliches Miteinander mit Bürgern aus unseren Nachbarstaaten unser Leben bereichern möge.

Die Bereicherung

Bereicherung ist auch ein Wort, das in unserer Gesellschaft einen festen Platz hat. Wer will sich nicht bereichern? Jeder strebt danach mehr im Leben zu erreichen und da gehört nun einmal etwas Vermögen dazu. So sieht es jedenfalls die Mehrheit unserer Bundesbürger.

Es gibt aber eben auch eine Bereicherung in einem ganz anderen Sinne und diese Bereicherung kann unter Umständen eine viel intensivere sein. Es kommt ja schließlich immer darauf an, welche Wertvorstellung der Einzelne hat.

Da las ich im Hamburger Abendblatt einen Artikel von einem Pastor, der mit dem Motorrad unterwegs ist. Er hatte sich aufgemacht, um am Biker Treffen in der Hansestadt dabei zu sein und nicht nur das, nein er sollte an diesem Tag im Michel predigen. Er ist also nicht nur aus Freude am Motosport unterwegs, sondern auch im Namen Gottes.

„He" kann das zusammenpassen? Scheinbar ja und wie wir immer wieder lesen können, nehmen an diesen Treffen sehr viele mit ihren Maschinen teil.

Für diese Motorradbegeisterten ist ihr Hobby eine Bereicherung, die sie sicher auch für viel Geld nicht aufgeben möchten. Ich glaube sogar, dass diese Bereicherung ihr Leben prägt.

Und so können viele Lebensentwürfe die Menschen auf die unterschiedlichste Weise in ihren Bann ziehen.

Jugendliche können dieses Hobby mit den schweren Maschinen sicher gut nachvollziehen, denn welcher junge Mensch hat daran wohl kein Interesse. Das ist doch eine Freiheit, die man spüren kann. Wenn der Wind einem um die Nase weht und der Rausch der Geschwindigkeit einen erfasst. Ich kenne ältere Semester, die von dieser Leidenschaft noch immer träumen und ab und zu sogar noch einmal auf eine Maschine steigen, um sich an frühere Zeiten zu erinnern. Obwohl wir in jedem Jahr wieder von schweren Unfällen mit Motorrädern lesen, wird es immer Menschen geben, die den Rausch dieses Fahrerlebnisses brauchen um sich frei zu fühlen.

Es ist auch nicht so, dass gerade diese Verkehrsteilnehmer besonders waghalsig sind und die Unfälle verursachen. Nein, oft sind sie eben zwischen den anderen Fahrzeugen nicht gleich auszumachen und wenn sie dann zum Überholen ansetzen, sind sie für die Autofahrer einfach zu schnell da und es kann nicht mehr richtig reagiert werden. Es gibt unter dieser Gruppe ein sehr großes Zusammengehörigkeitsgefühl und sie scheinen sich alle zu kennen. Es ist einfach zu sehen, dass ihr Hobby eine Bereicherung ihres Lebens ist.

Doch nicht nur der Rausch der Geschwindigkeit, sondern auch die Stille, oder ein Sparziergang in der Natur, kann als Bereicherung des Lebens angesehen werden.

Lebensfreude und Ausgelassenheit, Geschwindigkeit und Ruhe,

Stille und Gebet.

Alles sind Bereicherungen, die das Leben uns schenkt.

Lebensfreude

Lebensfreude sehen wir am Deutlichsten bei Kindern. Setzen sie sich einmal auf die Bank eines Spielplatzes und beobachten das Spiel und das Verhalten der Kleinen. Da ist so eine Unbeschwertheit, die wir schon vor vielen Jahren abgelegt haben. Aus welchen Gründen überhaupt? Haben wir das Vertrauen unserer Mitmenschen verloren? Sind wir enttäuscht worden?

Das, was Gott uns mitgegeben hat, haben Menschen zerstört, weil sie unser Vertrauen missbraucht haben. Schon im Kindesalter müssen wir warnen, dass es Menschen gibt, die böses im Sinn haben. Kinder können sich darunter nichts vorstellen, doch die Angst schleicht sich in ihre kleinen Köpfe und gebiert die erste Unsicherheit. Das ist der Anfang einer Lebenseinstellung, die die Lebensfreude aus dem Gedächtnis streichen möchte.

Depressive Menschen werden von diesen Ängsten gepeinigt, bis sie seelisch zusammen brechen oder einen Suizidversuch unternehmen und im schlimmsten Fall in der Psychiatrie landen.

Ein Weg daraus führt vielleicht durch Gespräche, um diese finsteren Gedanken aus dem Gedächtnis zu löschen.

Doch mit dem Löschen ist das so eine Sache. Es ist wahrscheinlich wie in einem Computer. Das Gelöschte landet zunächst im Papierkorb, doch da findet es nur eine Ruhepause. Bei Schwierigkeiten kann es wieder an die Oberfläche geholt werden und erlebt eine Auferstehung. Darum ist es ganz wichtig, auch diesen Papierkorb auszuschütten, am Besten in den Mülleimer, der bald auf nimmer Wiedersehen entsorgt wird. Danach sollte eine Aufbauphase beginnen, die die Lebensfreude in den Vordergrund stellt.

Es gibt so viel Schönes in unserer Umgebung, dass durch die ständige Traurigkeit nur nicht gesehen werden konnte.

- Ein Lächeln, dass dir geschenkt wird

- Ein Sonnenstrahl, der dich vielleicht gerade in deiner Traurigkeit wärmt

- Eine Kinderstimme, die an dein Ohr dringt.

- Ein Freund, der dir zuhört,

- Ein Sonnenuntergang, der dir von der Größe Gottes erzählt. Wenn du all diese kleinen Zeichen wieder wahrnimmst, dann bist du auf dem richtigen Weg, der zur Lebensfreude führt.

Doch dieser Weg geht nur durch die Wahrnehmung deiner Gedanken. Und wenn in diesen Gedanken Gott der Mittelpunkt ist, wird die Lebensfreude Einzug halten.

Zeichen

Zeichen kennen wir aus der Grammatik.

- **Komma;** - eine Zäsur, ein kurzes Nachdenken nach dem dann oft eine Erklärung folgt.

- **Punkt.** – Schluss – Wir sagen oft: „Punkt aus!" Wo der Punkt gesetzt wird, ist nichts mehr möglich. Da ist die Aussage abgeschlossen.

- **Ausrufungszeichen !** Da hat jemand etwas zu sagen, da meldet sich einer zu Wort und möchte gehört werden.

- **Fragezeichen?-** Fragen gibt es mehr als Antworten. Wir sprechen oft von einem Fragenmeer.

Kinder können mit ihren endlosen Fragen schon manchmal nerven, denn ihre Wissbegier ist unersättlich. Wir müssen oft ein Zeichen setzen und sagen:" Schluss jetzt!"

Ein Zeichen setzen, das ist oft nötig, in Erziehungsfragen wo Jugendlichen Grenzen aufgezeigt werden müssen. Aber auch in Politik und Gesellschaft ist es ein Begriff, der besagt:" Bis hierhin und nicht weiter!"

Oft werden diese Zeichen übersehen und daraus entstehen dann Konflikte, die bei Beachtung so manchen, schon lange anhaltenden Streit und die daraus erwachsende Unversöhnlichkeit, verhindern könnten.

Wenn wir unsicher sind warten wir oft auf ein Zeichen der Ermunterung um unsere innere Sperre zu lösen.

Wir sprechen auch von Zeichen der Anerkennung und sehen darin eine Wertschätzung.

Zeichen können uns sogar Tiere geben:

- Wenn der Hund mit dem Schwanz wedelt sagen wir, er freut sich.

- Wenn eine Katze schnurrend um unsere Beine schleicht, setzt sie ein Zeichen der Zuneigung.

Wir können Zeichen in der Natur deuten.

- Das Abendrot ist ein Zeichen, dass der kommende Tag schön wird.

- Morgenrot zeigt schlechtes Wetter an.

- Der zunehmende Mond ist ein Zeichen, das das Wetter bis zum Vollmond so bleibt.

- Wenn die Schwalben tief fliegen ist es ein Zeichen, dass ein Tiefdruckgebiet folgt.

Viele Zeichen in dieser Richtung, die früher für die Menschen oft lebenswichtig waren, werden heute durch die Wettervorhersage abgelöst.

Doch selbst in der Bibel wird von Zeichen gesprochen. Bei der Wiederkunft Jesu lesen wir:

„Es werden Zeichen am Himmel erscheinen.

Die Sonne wird sich verfinstern und der Mond wird nicht mehr scheinen.“

Viele Zeitgenossen werden das belächeln, aber sind wir heute nicht so weit, dass wir sagen können: „Beim Ende unserer Erde könnten diese angekündigten Zeichen wirklich eintreten?“

Das wäre dann doch ein Zeichen, dass Jesus Gottes Sohn ist, denn zu damaliger Zeit konnte niemand diese Entwicklung unseres Planeten voraussagen.

Nur jemand, der <u>das Ende</u> kennt.

Das Ende

Welches Ende meinen wir, wenn wir daran denken?

Man sagt bei uns so schön:“ Da ist das Ende der Fahnenstange erreicht.“ Und wir wollen damit ausdrücken, dass nichts mehr geht. Die Möglichkeiten sind ausgeschöpft.

Das kann gelten, wenn es um Lohnerhöhungen geht und der Betrieb an die Grenzen seiner finanziellen Belastbarkeit gekommen ist. Beim Arbeitnehmer ist die Fahnenstange dann noch lange nicht am Ende. Er möchte noch um Meter höher klettern. Doch es ist Vorsicht geboten, denn wenn das Ende zu weit überzogen wird, ist der Absturz vorprogrammiert. Das Ende muss eigentlich immer akzeptiert werden. Lieber einen Neustart wagen, als mit Gewalt etwas zu erzwingen.

Fußballfans möchten das Ende eines Spiels am liebsten hinauszögern wenn eine Niederlage ihres Vereins droht und ein Elfmeterschießen herbeizaubern, um am Ende doch noch jubeln zu können. Doch mit dem Schlusspfiff ist das Ende unumstößlich.

Im Leben gibt es viele Situationen, wo wir **„am Ende stehen"** oder sogar **„am Ende"** sind.

Arbeitslosigkeit ist so ein Begriff, den wir fürchten, weil vielleicht ein langes Berufsleben zu Ende geht. Dieses Ende führt oft zu schweren Einbrüchen im Leben der Menschen. Sie fühlen sich überflüssig, ausgegrenzt und oft am Ende ihrer Kräfte.

Es gibt aber auch ein Ende, das heiß ersehnt wird, z.B. das Ende der Schulzeit. Die Penne endlich hinter sich zu lassen und frei zu sein. Doch ein Ende des Lernens wird es nicht geben. Die Menschen unserer Zeit werden ihr ganzes Leben hindurch lernen müssen. Schon die digitale Entwicklung zwingt zu immer neuen Aufbrüchen.

Wer dazu nicht bereit ist, wird bald am Ende sein, weil der Fortschritt ihn überrollt hat.

So sind Enderfahrungen ein ständiger Begleiter im Leben und wer dies in seinen Lebensplan einbezieht, wird sich vor keinem Ende fürchten müssen.

Junge Menschen werden diese Entwicklung gar nicht als Bedrohung empfinden, sondern als Herausforderung und das ist auch gut so.

Ein Abschied von alten Zöpfen muss immer wieder sein, damit Neues wachsen kann.

So geht es auch mit den Menschen. Die ältere Generation muss heute oft sehr früh viele Enderfahrungen bewältigen. In früheren Generationen lebten die Alten meistens mit ihren Kindern zusammen. Heute ist das in den meisten Fällen nicht mehr möglich und es heißt:

- Ende – von der Mobilität, Auto ade!

- Ende – von der eigenen Wohnung, Seniorenheim

- Ende – von einem täglichen Miteinander

- Warten auf **- Das Ende –**

Wie wird dieses Ende sein?

- Schmerzlich?

- Einsam?

- Verzweifelt?

- Oder Gelassen`?

Getröstet durch Gottes Zusage:

„Ich bin bei euch alle Tage, bis zum Ende der Welt, bis ans Ende Deiner Tage!

Und auch das wird kein Ende der Fahnenstange sein, denn es wird sich eine neue Tür öffnen.

Auf das Öffnen dieser Tür haben wir allerdings keinen Einfluss, aber warum sollte dahinter nicht ebenfalls ein unerwartetes Glück auf uns warten?